AF294798

Herstellung und Verlag:

BOD – Books on Demand, Norderstedt

ISBN: 9783754345528

Wir Kinder
vom Bleckmannshof

Eine Kindheit im Bochum der Nachkriegszeit

Erzählt und gezeichnet von Heinrich Stüter

Inhalt:

  Die Ritterburg
  Der Stierkampf
  Die Luftvogellatte und das Huhn
  Ein Gespenst, ein Gespenst!
  Die Erpressung
  Der Bunkerberg
  Karrenrennen und Matschparty
  Sport muss sein

Wir Kinder
vom Bleckmannshof

Unser Haus, unsere Straße
Eigentlich heißt unsere Straße ja
„Am Bleckmannshof",
doch das war uns Kindern viel zu kompliziert. Sollten wir etwa sagen: „Lasst uns jetzt zum „Am Bleckmannshof" gehen, wenn wir unterwegs waren?
„Lasst uns zur „Stiepeler Straße gehen!" , das ging schon eher, aber zum
„Am Bleckmannshof"
zu gehen, das ist schon irgendwie blöde. Meistens jedoch gebrauchten wir überhaupt den Straßennamen nicht. War sie doch für uns einfach nur die
„GLATTE STRASSE".
Ja, und das kam daher:

Als im Jahr 1937 sich der Bauverein **„Kameradschaftliche Selbsthilfe EV."** gründete, in dem unser Opa Mitglied war, hat man schnell das nötige Land vom Bauern Bleckmann erworben. Zu der Zeit war ja Weide- und Ackerland wohl noch nicht so wertvoll wie es heute ist. Mit den Bauarbeiten ging es dann auch zügig voran, bis schließlich 1939 auch unser Elternhaus fertiggestellt war.

Und dann kam der Krieg.

Die Straße „Am Bleckmannshof" war bis dahin nur eine Art Feldweg, so wie er auch über die Stiepeler Straße hinaus noch lange Zeit existierte. Erst als der Krieg vorbei war, begann man mit dem Weiterbau der Straße. Sie wurde befestigt und mit einer glatten Asphaltdecke überzogen. Die Stiepeler Straße blieb uns dagegen noch eine lange

Zeit als Schlaglochpiste erhalten. Und das war auch gut so.

Die Siedlung führt noch heute von der Stiepeler Straße hinunter bis zum ehemaligen Hof des Bauern Bleckmann und dem kleinen Wäldchen, dann im rechten Winkel auf die Brenscheder Straße zu. Unser Spielbereich konzentrierte sich allerdings nur auf die obersten Häuser und auf die näheren Häuser der Stiepeler Straße.

Die Bewohner

Ursprünglich war das Haus als Geschäfts-haus mit zwei Wohnungen geplant, wobei im Erdgeschoss neben den Geschäfts-räumen noch eine Wohnküche und ein Schlafraum ihren Platz fanden. Ja, und so war es auch bis zum Krieg. Im Dach-geschoss wohnte das Ehepaar „Lenze", im 1. OG die Familie Hans mit den Kindern Gerd, Fredy und Inge. Ob unsere Großeltern in der Parterre-Wohnung die beiden Räume bewohnten, oder noch in dem Haus vor der Werkstatt lebten, ist mir nicht bekannt, denn sie lebten allein. Der Onkel war beim Militär und unsere Mutter, ihre Tochter war außerhalb -wie man damals sagte -in Stellung.
Nach dem Krieg war aber dann alles anders:

Das Dachgeschoss musste sich die Familie „Lenze" mit dem Bruder unseres Vaters, Onkel Helmuth, seiner Frau und seinen beiden Kindern Renate und Helmut (der kleine Helmuth) teilen.

Im 1. OG zog zu der Familie „Hans" bald die Verlobte (später Ehefrau) vom Gerd, Lore ein. Dazu kamen die Ausgebombte Familie „Bischof" mit ihrem halbwüchsigen Sohn Horst.

Das Erdgeschoss bewohnten unser Opa mit unserer Mutter, denn Oma war kurz vor Kriegsende am „gebrochenen Herzen" gestorben, wohl weil sie so kurz vor Ende des Krieges vom Tod ihres einzigen Sohnes erfahren musste.

Nun, so musste das Haus, was für 8 bis 9 Personen geplant war, plötzlich 18 Menschen Unterkunft bieten.

Es ist nicht schwer sich auszumalen, dass es bei diesen engen Wohnverhältnissen zu manch Reibereien kam. Und doch half man sich gegenseitig. Auch Besuche waren nicht selten.

Unsere Eltern

Als am 1.11.1939 der Krieg ausbrach, war unser Mutter noch keine zwanzig Jahre alt. Kurz zuvor hatte sie die Handelsschule beendet und wollte nun die „WELT" (Deutschland) kennenlernen. Sie ging, wie man damals sagte „in Stellung". Das hieß soviel, wie einen Job in der Gastronomie oder als Haushaltshilfe anzunehmen. Welche Pläne sie für das Leben nach dem Krieg hatte, kann ich nicht sagen, aber es wird ganz sicher nicht das gewesen sein, was nachher daraus geworden war. In den letzten

Kriegsmonaten fiel ihr Bruder. Darauf verlor sie ihre Mutter durch einen Herzinfarkt. Bei dem großen Bombenangriff auf Bochum wurde das Elternhaus und die Arbeitsstätte ihres Vaters ausgebombt.

Und die jungen Männer, für die sie sich interessierte, kamen aus dem Krieg nicht zurück. Ich denke: Sie muss schier verzweifelt gewesen sein, als sie das Elend sah. Aber da war sie nicht allein. Vielen ging es zu der Zeit so.

Auf einer „Hamstertour" lernte sie dann unseren Vater kennen. Er ist gute vier Jahre jünger als sie. Nun ja, es war wohl nicht gerade die große Liebe, aber wo junge Männer eben Mangelware waren, da musste man nehmen, was es auf dem Markt gab. Und unserem Opa war es wichtig, dass er einen Nachfolger für

seine Schreinerei bekam. Also hatte unser Vater erst einmal eine Schreinerlehre zu absolvieren. Wie er später sagte, war das schon immer sein Traumberuf. Und er war auch wirklich gut darin. Dann stand der Hochzeit nichts mehr im Wege.
Ende Dezember 1946 stand dann unsere Schwester Gisela auf der Türschwelle. Somit war die kleine Familie vollständig.

Opa, Oma (Opas zweite Frau), Gisela, Mama, Papa

Zwei Jahre darauf klopften Hermann und ich an die Haustür der Familie Stüter. Wenn ich so zurückdenke, hatten wir eine sehr fleißige Mutter. Nicht allein die normalen Hausarbeiten wie: Einkaufen, Essen kochen, Abwaschen und Wäsche waschen, was mindestens einen ganzen Tag, wenn nicht länger in Anspruch nahm, tat sie ohne Murren, sie sponn die Wolle der Schafe, nähte Kleider für Gisela und sich (Burda-Schnittmuster lagen dann auf dem ganzen Küchentisch ausgebreitet), und strickte für uns Kinder warme Mützen und Pullover. So ganz nebenbei machte sie die Gartenarbeit, versorgte die Schafe und Hühner und half bei der Obsternte im Herbst. Und wenn sie dann abends total fertig war, setzte sie sich hin und malte zur Entspannung noch Bilder, die gerne von den Nachbarn gekauft wurden.

Ja, ich bin überzeugt davon, dass das sich bald abzeichnende

„WIRTSCHAFTSWUNDER"

nicht zuletzt diesen fleißigen Menschen zu verdanken ist.

Man hatte keinen „Star Mix", keine Spülmaschine, keinen Wäschetrockner, keinen Kaffee-Automaten, man benutzte nicht für die kürzesten Wege das Auto, was man ja auch gar nicht hatte. Man machte eben alles selbst. Aber es wäre auch damals niemand auf die Idee gekommen, Joggen zu gehen, oder in die

„MUKKI BUDE".

Gut, die Luft war damals vielleicht schlechter hier bei uns. Aber das kam von den Immissionen der Montanindustrie. Heute gibt es hier keine Stahlwerke mehr. Die Immissionen von heute kommen von der Bequemlichkeit der Menschen!

Unser Vater war Schreiner mit Leib und Seele. Da hatte er wirklich seinen Traumberuf gefunden. Nachdem er in der Werkstatt Fenster, Türen und auch einige Möbel fertigte, drechselte er Teller, Kerzenleuchter und andere schöne Dinge, machte Intarsienarbeiten und Schnitzereien. Er baute unsere Weihnachtsgeschenke. Eine Puppenstube für Gisela, eine Holzeisenbahn für uns Jungen und für unsere Mutter diverse Blumenhocker und andere Möbel. Sein Gesellenstück, ein zweiteiliger Wohnzimmerschrank zierte noch viele Jahre unsere Stube. Langeweile kam bei ihm auch gewiss nicht auf.
Ein großes Hobby war die Segelfliegerei. Daher waren wir fast jedes zweite Wochenende in Borken-Berge auf dem Segelflugplatz. Während der Ferien auch mal etwas länger, mit Zelt und so.

Gisela und Hermann im Segelflugzeug

Freund Theo, Mama und Papa vor Theos
Tiger-Mott, ein alter Doppeldecker

Ein Musikabend

Gerne gingen unsere Eltern in die 1. Etage zu Hans. Ja, denn die hatten ein neues Radio mit **UKW** bekommen. So eins mit dem „magischen Auge". Dazu gab es auch noch einen Schallplattenspieler mit „Zehnerwechseler". So eine richtige Musiktruhe. Eine Musiktruhe mit integrierter „Hausbar", die sich hinter einer, an den Rändern verzierten Glastür „verbarg" wäre das falsche Wort- eher müsste man sagen „präsentierte". Peinlichst wurde diese Tür sauber gehalten, so dass auch das, was dahinter stand, seine volle Strahlkraft entfalten konnte. Es reichte eben oftmals nicht, zur Entspannung die Musik auf sich einwirken zu lassen, nein, zur Vertiefung dieser Entspannung konnte das eine oder andere Gläschen eines edlen Getränkes, kredenzt in edlen Trinkgefäßen, nicht schaden. Ja, so war das eben: Das Wirtschaftswunder hielt zwar noch bescheiden, aber doch unübersehbar bei dem einen oder anderen seinen Einzug. Bei uns gab es nur den alten, viereckigen schwarzen Kasten, den „Volksempfänger", der nur Mittelwelle empfangen konnte.

Ich erinnere mich noch, als wäre es gestern, wie wir Kinder staunend vor dem Radie standen, unsere Blicke wie gebannt auf das grüne, sich ständig verändernde „Magische Auge" gerichtet, das je nach Senderempfang mal auf und mal zuzugehen schien. Aber als dann der nette Herr Hans stolz die Tür der Musiktruhe öffnete, verschlug es uns förmlich die Sprache. Wie da auf einer Stange über dem Plattenteller zehn Schallplatten aufgestapelt lagen und dann, als sich der

Plattenteller zu drehen begann ausgerechnet die unterste Schallplatte herunter fiel. Man hätte annehmen können, dass die Schallplatten von oben abgenommen werden müssen. Aber von unten? Und das Erstaunlichste war, dass alle anderen Platten auf der Stange liegen blieben. Als dann diese eine Schallplatte auf dem Plattenteller lag und sich mit dem Teller drehte, kam aus dem Hintergrund des Kastens ein grüner Arm und legte sich wie von Geisterhand geführt auf den äußeren Rand der Platte. Gespannt auf das, was nun geschehen würde, saßen dann die Erwachsenen vornüber gebeugt auf ihren Sitzmöbeln und lauschten, während wir Technikbegeisterte unsere Nasen tief in den Musikschrank steckten.

Schließlich, nachdem ein mehrmaliges leises Knistern aus dem Lautsprecher des großen Radios zu hören war, ertönte eine Mädchenstimme mit einer Melodie und sang: Pack die Badehose ein...
Die Erwachsenen nickten sich zufrieden zu: „Das ist die Cornelia, ein ganz begabtes kleines Mädchen, ja,ja."
Nach dieser Cornelia wurde noch die

Sonne von Capri besungen und so manches andere Lied, bis sich der Stapel der zehn Schallplatten auf dem Plattenteller befand. Der Musikabend war beendet.

Unsere Wohnung

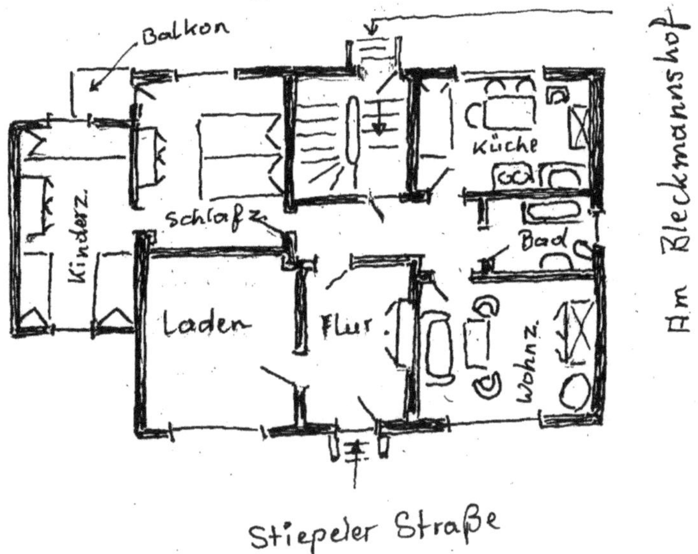

Wie bereits zuvor beschrieben, war ursprünglich unsere Wohnung als ein Ladenlokal geplant, mit zwei integrierten Wohnräumen und angebauter Garage, weil ja Geschäftsleute schon damals auch ein Auto zu haben hatten. Nachdem nun kurz vor Kriegsende eine Brandbombe die Werkstatt an der Stiepeler Straße und somit auch das angebaute Wohnhaus unseres Opas zerstörte, war erst einmal nicht an ein Möbel- oder auch Sarggeschäft (beides stand alternativ zur Diskussion) zu denken. Der Aufbau der Werkstatt sowie auch die Beschaffung einer Wohnung war vorrangig. So zog man zwei Trennwände ein. Der rechte Raum wurde unser Wohnzimmer, der mittlere als Flur, später dann als „Hundezimmer" (hier hatte sich unser schwarzer Neufundländer „Antje" häuslich eingerichtet, was Tante Ernas Kundschaft nicht selten zur respektvoller Distanz veranlasste) und der linke Raum verblieb als Ladenlokal, in dem unsere Tante Erna eine Wäscherei-Annahmestelle betrieb. Der Raum über der Garage, das spätere Kinderzimmer, war zu der Zeit noch geteilt, wobei der vordere Teil als Lagerraum zu Tante Ernas Ladenlokal, der hintere Teil als Abstellraum und Spielzimmer von uns genutzt wurde.

Auch wenn wir im Verhältnis zu den anderen Bewohnern im Haus mit Wohnraum fast schon fürstlich versorgt waren, so spielte sich unser Leben doch vorrangig in der gemütlichen Wohnküche ab. Hier nahmen wir an dem großen Tisch unsere Mahlzeiten ein. Der Vater auf einem Hocker an der linken Stirnseite, die Mutter ihm gegenüber, wir beiden Jungen auf den Stühlen an der Fensterseite und Gisela, unsere Schwester, auf der gegen-überliegenden Seite neben Papa. Hier bauten wir mit unseren ersten LEGO-Klötzen, bauten mit unseren Metallbaukästen. Hier spielten wir mit Giselas Puppenstube und selbstverständlich machten wir auch hier unsere Hausaufgaben. Aber das, woran ich mich am liebsten erinnere, das war, wenn wir krank waren. Dann gab es da nur einen Platz. Das war die Liege in unserer Küche.

In diesem Bereich war die Wand auf halber Höhe mit einem dezent gemusterten Wandbehang verkleidet und hier durfte man liegen, den ganzen Tag.

Man war für sich, nahm aber doch am familiären Leben teil. Hörte die Geschwister, wie sie beim Spielen oder bei den Hausaufgaben plapperten. Hörte die Mutter, wenn sie beim Spülen mit dem Geschirr klapperte, das Surren der Nähmaschine, wenn sie für Gisela oder für sich etwas nähte und das halb unterdrückte Fluchen, wenn sie sich dabei in den Finger piekste. Man roch den Duft der frisch gewaschenen Wäsche, wenn sie bügelte und hörte das leise rattern der „KNITTAX" Strickmaschine, wenn sie für uns einen Pullover strickte... und all das untermalt vom gleichtönigen, beruhigenden Ticken des alten Weckers, der ständig bemüht war, uns halbwegs die genaue Tageszeit anzusagen. Wenn man dann noch mit einer Tasse heißer Milch mit Honig, oder einem heißen Pfefferminztee, später auch 'mal mit einem Glas des selbstgemachten Kirschglühweins verwöhnt wurde, der in großen Ballons auf unserem Küchenschrank gemütlich vor sich hin zu blubbern pflegte, dann war man viel zu schnell wieder gesund. Aber egal, die Freunde warteten schon draußen und das war ja mindesten genau so wichtig wie das sich verwöhnen lassen auf der Couch.

Echte Freunde

Nun, Kinder zum Spielen gab es genug. Irgendjemand war meistens draußen, denn was sollte man auch in der Wohnung, im Haus? Die Anzahl der Spielsachen hielt sich in überschaubare Grenzen. Und wenn man sich zwei- oder drei kleine Zimmer mit den Eltern und einigen größeren oder kleineren Geschwistern zu teilen hatte, dann war auch meistens Stress angesagt.

Also, man ging raus. Hier gab es Platz ohne Ende. Wilde Gärten, in denen man Buden bauen konnte. Straßen, auf denen kaum ein Auto fuhr und Pfützen in denen man bei Regen herrlich herummatschen konnte. Ein Spielzeug war auch schnell zur Hand, und seien es nur Knickel oder eine Blechdose, die -schnell umgebaut- sich zu einem "Räucherpöttchen entwickelte.
Wenn nun aber niemand draußen war, so gab es da auch eine Lösung **ohne Handy.**
Man stellte sich unter das Fenster des Freundes und brüllte so laut man konnte:

Pedda! Kommse runna??!!
Und wenn Pedda ans Fenster kam und zurück brüllte:

Nee, hab Stummarrest von Erika!!
Dann war das auch kein Problem; man ging einfach zum nächsten Haus.

<u>Die Kinder vom Bleckmannshof:</u>
Gisela, Monika, Liane, Hartmut,
Hermann, Peter (Pedda), Carola, Hans-
Peter und Heinz (ich). Unschwer zu
erkennen: Hermann und ich sind Zwillinge,
Carola und Hans-Peter sind Geschwister.

Stubenarrest war übrigens das
Schlimmste, was einem überhaupt pas-
sieren konnte. Eingesperrt zu Hause, mit
seinen Eltern und seinen oft jüngeren und

nervenden Geschwistern, auf die man oft auch aufzupassen hatte. Da gab es nur eines, was noch schlimmer war:

Stubenarrest mit Lernen!!

Na, ich kann nur sagen: dann lieber einmal den Hosenboden voll, als so eine Quälerei. Das eine ging schnell vorbei, aber Stubenarrest mit Lernen, dem großen „Einmaleins" vorwärts und zurück, oder „Herr von Ribbeck" aus den „Sieben Ähren" auswendig lernen, das grenzte ja schon an Folter.

Kurzum:

Spielkollegen fand man schnell, aber echte Freunde, das waren wir fünf. Wie auf dem Bild zu sehen ist: Wir in der ersten Reihe.

Peter, gerufen „Pedda" war von unseren besten Freunden unser „allerbester Freund", wie man heute sagen würde. Selbst als er später in einen anderen

Stadtteil umzog, kam er nach der Schule immer noch mit der Straßenbahn zu uns. An den Wochenenden übernachtete er oft bei uns im Garten, in einem Zelt. Das war echte Freundschaft.

Pedda wohnte mit seinen Eltern und vier GROßEN Schwestern im Haus unseres Opas an der Stiepeler Straße, direkt in der Wohnung dadrüber.

Vierundfünfzig Quadratmeter,
drei Zimmer mit Bad.

Kurz nachdem sie 1954 dort eingezogen waren, starb seine Mutter. Sein Vater hatte eine Arbeit beim Sportamt so als Sportplatzwart, wie Pedda sagte. Was seine Schwestern beruflich machten, kann ich nicht sagen. Erika ging auf jeden Fall noch zur Schule. Schnell hatten dann auch die älteren Schwestern einen Prinzen gefunden, der zwar nicht auf einem weißen

Ross, wohl eher auf einer Herkules oder Kreidler daher kam um die Angebetete aus ihrem Verließ zu befreien.

Peter war ein begeisterter Fußballspieler und der Erste in unserer Gegend, der eine ECHTE TEXASHOSE (heute würde man Jeans sagen) hatte, dank seiner großen Schwestern. Von denen brachte er uns auch immer die neuesten Schlager mit. Wenn er dann loslegte:

„Boonaserrasenjorinabonnaserra"

verstanden wir kein Wort.

Auf ihn konnte man sich verlassen. Er ging mit uns durch dick und dünn.

Hans-Peter, genannt Hannes, war etwa zwei Jahre älter als wir, aber kleiner und schwächlicher. Das war wohl auch der Grund, dass er nur selten den Hof und den Garten verlassen durfte. Das Haus

„Am Bleckmannshof 43, in dem er mit den Eltern, Großeltern und seiner Schwester Carola wohnte, war rings herum von einer Hecke umgeben, die lediglich einen Durchgang erlaubte. Das Tor, was hier den Zugang versperren sollte, war aus Eisenrohren zusammengeschweißt und quietschte so wunderbar beim Öffnen und Schließen in den Angeln, dass wir unsere wahre Freude daran hatten. Wenn wir nun vor dem Tor standen und riefen:

„Hannes, kommse raus!!"

und er kam dann nicht, dann stellte sich einer auf das untere Querrohr und fuhr mit dem Törchen auf und zu und auf und zu, und das herrliche Quietschen schallte die ganze Straße hinunter, bis endlich seine Mutter oder der Opa im Fenster erschien und rief: „Hört schon auf, der Hans-Peter kommt ja gleich!"

Gewonnen!

Hannes war ein pfiffiger, aufgeweckter Bursche, aber auch der Vernünftigste von uns. Und das war auch manchmal sehr angebracht.

Carola, die ungeachtet der Tatsache, dass Carola ja mit „C" geschrieben wird von allen nur KaKa (Ihr Nachnahme war Knipprath) gerufen wurde. Sie war -wie

bereits erwähnt- die jüngere Schwester von Hannes und seine ständige Begleiterin, was uns Jungen aber auch in keiner Weise störte. Beim Vater-Mutter-Kind-Spielen musste ja einer die Mutterrolle übernehmen. Zudem war sie bei der Dekoration unserer Buden die Beste. Aber auch beim rennen und Bäume klettern stand sie uns Jungen in nichts nach.
Nur leider war dieses unbeschwerte Leben für sie bald schlagartig zu Ende:
Bei Familie Knipprath meldete sich kurz darauf „ganz unerwartet" der kleine Jürgen an. Und wie das zu der Zeit noch war, gehörte es zur Pflicht einer
GROßEN SCHWESTER,
auf jüngere Geschwister aufzupassen.
LEIDER!
Das gleiche Schicksal hatte unsere
GROßE SCHWESTER

Gisela zu ertragen. Nur hatte sie, die zwei Jahre ältere, gleich auf zwei kleine Räuber aufzupassen. Ja, wir hatten es ihr nicht immer leicht gemacht. Wenn wir uns beispielsweise beim Sonntagsspaziergang, den wir meistens zu dritt unternahmen, während die Eltern sich auf dem Sofa in der Küche „ausruhten" mal so richtig eingesaut hatten, bekam sie die Mecker ab:

„Warum hast du denn nicht aufgepasst?"
Oder wenn es hieß:
„Gisela, hol die Jungen zum Mittagessen!",
rannte sie im Garten hinter uns her, während wir vor ihr flüchteten.
Na ja, eben zwei gegen einen

Hermann mein Zwillingsbruder, ist geschlagene **2** Stunden jünger als ich. Es versteht sich von selber, dass wir beide uns von allen am besten verstanden und noch heute verstehen. Auch wenn es manchmal zu kleinen Konkurrenzkämpf-chen und Eifersüchteleien, manchmal auch zum Streit über das eine oder andere Spielzeug kam. Im Grunde genom-men halten wir zusammen, ist Einer für den Anderen da. Das ist wahrscheinlich auch der Grund dafür, dass ich selbst heute noch im Plural von uns rede. Er schien immer der Robustere von uns beiden zu sein, ich der Ausgelassenere. Wobei er für Knochenbrüche prädesti-niert war. Das fing mit drei Jahren an und endete mit zwanzig, bei der Bundeswehr.

Liane. Selbstverständlich gehörte auch Liane mit ihrem schwarzen Bubikopf dazu. Sie wohnte direkt neben Hannes und Carola und war Hermanns heimliche Freundin. Er war oft bei ihr und ließ sich von ihrem Opa die Biber erklären, die er hinter seinem Haus züchtet.

Wenn wir auf unserer „GLATTEN STRAßE" spielten, ob es nun ein Rennen war, das wir mit Allem was irgendwie Räder hatte, veranstalteten -manchmal wurde auch der Kinderwagen von Peters kleinen Neffen benutzt, womit Peter sich wieder einmal Stubenarrest einhandelte- oder Gruppenspiele wie das mit dem Fischer und dem tiefen Wasser, Liane war immer dabei.

Wir hatten die Straße für uns. Autos gab es kaum. Und wenn 'mal der Kartoffel-mann mit seinem Hansa Dreirad oder die Müllabfuhr kam, dann ging man mal kurz zur Seite. Was uns aber echten Ärger bereitete, das war im Winter der Streuwagen. Wir hatten mit viel Mühe den lockern Schnee so fest getrampelt und gerodelt, dass man bis hinunter zur Nummer 22 mit einem AFFENZAHN durchkam, und dann so etwas? Dass die paar Autos, die dort sowieso nur fuhren, den Berg nicht mehr schafften, was hatte das schon zu bedeuten? Aber wir wollten auf UNSERER Straße rodeln! Eine Kanonade mit Schneebällen handelten sich immer wieder die Streukerle ein, die hinten auf dem Kipper saßen, aber sie ließen sich nicht abschrecken. Hart-gesottene Burschen mussten das wohl sein, diese Streukerle.

Tiere

Schafe für die gute Milch (brrrrrr), die Wolle (krrrrrr) und das Fleisch (mmmmm).

Zu der Zeit nach dem Krieg war es gut, wenn man sich halbwegs selbst versorgen konnte.

Hinter der Schreinerwerkstatt unseres Opas gab es eine große Obstwiese mit Apfel-, Birnen-, Kirsch- und Pflaumenbäumen. Ideale Bedingungen für die Schafhaltung, dachten sich unsere Eltern. Die Schafe versorgten uns dann auch jeden Tag mit ihrer „wohlschmeckenden" Milch (brrrrrrrr). Aber Voraussetzung dafür war, dass sie jedes Jahr gedeckt werden mussten. Die kleinen Lämmchen, die darauf zur Welt kamen, bereiteten uns Kinder viel Freude, aber auch zuweilen manch gefährliches Abenteuer. Dazu aber später.

Hühner für das Frühstücksei (hmmmmm) und die gute Suppe (auch hmmmmm)

Auch mit den Hühnern verstanden wir uns gut. Schenkten sie uns doch jeden Tag ein leckeres Ei. Geduldig ließen sie es geschehen, wenn wir ihnen das begehrte

Objekt aus ihrem Nest holten. Irgendwie scheinen sie doch nicht so dumm zu sein wie es manche Leute sagen, denn wenn

unser Hund, Antje, sich erdreistete ohne zu fragen an ihr Nest zu gehen, kam er immer mit einer blutigen Nase, aber ohne Ei nach Hause. -Pech gehabt!
Sie hingegen kamen über die Stiepeler

Straße hinweg in unsere Wohnung -während des Sommers stand unsere Haustür meistens offen- und beschwerten sich laut gackernd, falls wir mal vergaßen, sie zu füttern. Gut, aber trotzdem hatten wir alle lieb, was den Hahn zu manchen Eifersuchtsattacken veranlasste. Er sprang einem dann auf den Kopf, wo er sich festkrallte und versuchte einem mit seinem Schnabel die Haare einzeln rauszurupfen. -So ein Hund!
Ja, Hunde hatten wir auch...

Der Hund, der treue Begleiter des Menschen

Ob Treu   Benja oder Antje
                           (auf Monis Arm)

Hunde gehörten immer zu unserer Familie. Eigentlich wurden sie aber eher von unserem Vater gehalten. Da er jedoch sehr viel Zeit in der Schreinerei oder mit

Kunden zu tun hatte, war es vorrangig unsere Mutter, die sich um sie kümmerte, so, wie sie auch die Schafe und die Hühner versorgte. Daher kam es vor, dass wir Kinder uns dem einen oder anderen Artgenossen dieser Vierbeiner nur mit größten Respekt nähern durften.

Das änderte sich, als „Benja", ein herzensguter Neufundländer, in unsere Familie kam. Wir konnten alles mit ihr anstellen -eine Mütze aufsetzen, ihr Socken anziehen und sie nach Herzenslust knuddeln. Nur, auf Katzen und kleine Hunde war sie gar nicht gut zu sprechen. Ja, immer wenn Benja in ihrem Zimmer, vorn im Eingangsbereich zu Tante Ernas Laden ihr Mittagsschläfchen hielt, genau dann rannte dieser Langhaardackel von über uns, laut kleffend durchs Treppenhaus. Zudem versuchte auch unser Vater

sie auf die Katzenjagd abzurichten mit der Aufforderung: „Da krieg Pussi"
Das hatte natürlich zur Folge, dass wir Kinder und selbst unsere Mutter den großen Hund nicht mehr halten konnten. Schluss endlich mussten wir ihn, nachdem sich die Eltern getrennt hatten, abgeben. Uns Blieb ihre Tochter Antje. Sie hatten wir Kinder selbst erzogen. Und das war auch gut so, aber dazu später.

Unsere Abenteuer
Die Ritterburg
Es war ein sonniger Frühlingsnachmittag. Unsere Hausaufgaben hatten wir eiligst fertig bekommen und standen nun vor Hannes Haus, vor dem Gartentörchen.
„Hannes, kommse raus?!!"
Und es dauerte nicht lange, bis Hans -Peter in der Haustür erschien und uns zu

winkte: „Kommt rein, wir spielen hier!"
Das war nun selten genug und neugierig waren wir alle mal auf seinen Garten und das, was es da noch sonst so zu entdecken gab. Also den Weg hinunter, an Haus und Fahrradschuppen vorbei und dann die Treppe zur Wiese hoch. Hermann und ich schauten uns interessiert um. Aber was gab es da besonderes? Der Garten war längst nicht so groß wie unserer. Und dann noch dieser komische, kläffende Furchendackel, den sie Scherri nannten. Überhaupt „Scherri" Was für ein verrückter Name für einen Hund? Was hat ein Hund mit einer Schere zu tun?
Aber dann zeigte Hannes über den Zaun, rüber auf das wilde Grundstück hinter ihrem Garten. Wir kapierten erst nicht, was er uns zeigen wollte.
„Na seht ihr denn die dicken Steine nicht,

die da seit heute morgen liegen?"
Wir sahen Hannes fragend an.
„Na, wenn man da nicht was Töftes raus bauen kann?"
„Mensch klar", stimmte ihm Hermann bei.
„Komm lass uns rüber klettern."
Schnell waren wir drüben auf der anderen Seite und kämpften uns wie Urwald-forscher durch das dichte Gestrüpp. Und dann standen wir vor dem riesigen, etwa bis zu zwei bis drei Meter hoch aufgesta-pelten Haufen großer „KOFFERSTEINE"

Der Kofferstein:

Der Kofferstein:
circa 40 mal 40 mal 20 cm und gerade nur
so schwer, dass ein Kind unseres Alters
ihn gerade einmal hoch heben konnte.

Was konnte man damit nicht alles bauen.
Wir brauchten nicht lange zum Nach-
denken. Natürlich, eine RITTERBURG.

Sofort packten wir an. Räumten Steine
weg, wo sie nicht hingehörten und bauten
sie an anderer Stelle wieder auf. Stein um
Stein wuchs nun unsere Festung zu einem
ansehnlichen Bauwerk heran, denn Peter,
der kurz darauf angerannt kam und auch
Walter und Rolf, zwei Jungen von der
Stiepeler Straße waren nun dabei.

Bald war die Burg fertig und das
Burgleben konnte beginnen. Schwerter, ja

Schwerter besorgten wir uns in der Schreinerei unseres Opas. Und das waren dann die schärfsten Waffen, die sich ein tapferer Recke nur wünschen konnte. Carola und Liane, die zwischenzeitlich auch über den Zaun zu uns kamen, waren dann die Prinzessinen, oder mindesten das Burgfräulein, das es zu beschützen, vielleicht auch mal zu befreien galt. Gekämpft musste in jedem Fall werden. So aufregend der Kampf auch war, es dauerte nicht lange, bis auf seinem Fahrrad der Laternenanzünder mit seiner Stange kam und die Straßenlaternen an unserer Straße anzündete. Das hieß für uns „Feierabend", morgen geht's weiter.

Auch am nächsten und übernächsten Tag fochten wir erbitterte Kämpfe aus.

Aber etwas stimmte da nicht. Unsere
Burg wurde immer kleiner. Das Haus auf
dem Grundstück nebenan wurde zusehends
größer, bis man uns schließlich die ganze
Burg geschleift hat, so nennt man das,
wenn eine Burg abgerissen wird. Das
kannten wir vom Heimatkunde-unterricht.
Wir waren sauer. So sauer, dass wir am

liebsten das ganze Haus jetzt auch abgerissen hätten.

Wir gaben uns jedoch nicht lange unserem Groll hin. Irgend etwas Neues wird sich schon zum Spielen finden, zudem kurz darauf überall eine rege Bautätigkeit zu beobachten war. Und was gibt es Schöneres für Kinder, als eine Baustelle zu erkunden und zu erforschen. Egal welche Bauphase oder welcher Bauabschnitt es war. Ob bei den Ausschachtungen, dem Rohbau oder dem fast bezugsfertigen Gebäude, eine Baustelle zog immer unser gesteigertes Interesse auf sich. Zudem konnte man dort auch sein nicht vorhandenes Taschengeld ein wenig aufbessern, denn viele Bauhandwerker ließen ihre leeren Flaschen einfach überall herumliegen. Das brachte dem fleißigen Sammler immerhin etwas Pfandgeld ein, oder, was meistens der Fall war, man brachte die leeren Flaschen einfach zur Bude -heute würde man „KIOSK" sagen- und tauschte sie direkt gegen Bonbons oder Eis ein. Sehr beliebt waren auch NEGERKÜSSE. Beim Sammeln musste man nur aufpassen, dass der Nachtwächter, ein alter Kriegsinvalide, der mit seinem Dobermann seine Runden drehte, einen nicht erwischte. Aber dafür stand ja immer jemand von den Kumpels Schmiere.

Der Stierkampf

Eigentlich wollten wir ja ein „Karrenrennen" machen, auf der Obstwiese hinter Opas Werkstatt. Aber das ging nicht, denn da stand Liese, unser Schaf, mit ihren beiden Lämmchen. Vor einigen Wochen hatte sie diese beiden nämlich bekommen. Das eine war ein Mädchen und das andere „**Fritzchen**", ein kleiner Bock, wie an den Hörneransätzen auf seinem Kopf deutlich zu sehen war. Enttäuscht über unser zerplatztes Vorhaben wollten wir uns schon wieder auf den Weg zur Straße machen, als Peter plötzlich wie von der Tarantel gestochen, wie man damals sagte, in die Luft hüpfte und auf die drei zu rannte.

„Torrero, Torrero!", brüllend sprang er vor Lieses Nase mit ausgebreiteten Armen hin und her. Die allerdings hob nur kurz ihren Kopf, sah ihn gleichgültig an, so als wenn sie sagen wollte: „Ach was willst du denn? Hast du keinen anderen, den du vollquatschen kannst? Und lass mich nun gefälligst in Ruhe fressen".

Dann wendete sie sich wieder mit gesenktem Kopf ihrer Mahlzeit zu. „Das ist ja mal eine gute Idee", dachten wir, rannten zu Peter, der nun vor dem einen Lämmchen hüpfte, und taten es ihm gleich. Aber auch die fünf Wilden, die Liese und ihre Tochter nun mit wildem Gebrüll um sich herum hüpfen sahen, konnten sie nicht aus der Ruhe bringen. Zu gut mussten wohl das Gras und die Kräuter auf Opas Wiese geschmeckt haben. Nur einen interessierte das sehr, was wir da veranstalteten, FRITZCHEN. Und wir bemerkten, dass er sich für unser Tun interessierte. Ja, das wäre ein guter Spielkamerad, für „Torrerospiele", dachten wir und wendeten uns umgehend von den Langweilern ab und ihm zu. Und tatsächlich, er war ein guter Stier. Er spielte seine Rolle so brillant, als hätte er in seinem Leben nichts anderes gemacht als Torrerospiele zu spielen. Und wie ein echter Stier fixierte er uns kurz, senkte dann langsam den Kopf, wobei er drei, vier mal mit dem rechten Vorderhuf die Wiese aufkratzte und rannte mit grimmigem Gesicht auf uns zu.

„Mensch, der macht Ernst!", brüllte einer, ich weiß nicht mehr wer. „Rennt um euer Leben!" Aber das hätte er, wer auch immer es war, gar nicht sagen müssen. Jeder hatte die Gefahr erkannt, der wir nun ausgesetzt waren. Wir rannten, als sei der Leibhaftige hinter uns her. Wir rannten an der Werkstatt entlang, die Stiepeler Straße hinauf, dann den Möllersweg, der heute „Am Bleckmannshof" heißt, hinauf, und immer die Bestie im Nacken. Peter vorweg -er war der sportlichste von uns- dann Hannes, Carola und ich. Zum Schluss Hermann. Und das war sein Verhängnis, wie sich kurz darauf herausstellen sollte.

In höchster Not erreichten wir die alte Weide vor Möllers Bauernhof, die innen schon so ziemlich hohl war, und auf der wir oft herum geklettert waren. Peter, Hannes, ich und selbst Carola schafften es noch rechtzeitig hoch in die Krone. Hermann, der arme Hermann aber blieb unten im hohlen Stamm des Baumes stecken und bangte um sein noch so junges Leben, denn schon war die Bestie heran.

Immer wieder stieß sie ihn mit ihren betonharten Schädel ins Hinterteil.
Ich kann nur sagen: Gott sei Dank, Hermann hat es überlebt, denn irgend wann schien es dem Stier „FRITZCHEN" dann doch zu langweilig geworden zu sein, unser Torrerospiel, und er trottete gelangweilt zu seiner Mutter.

Die Luftvogellatte und das Huhn.
Manch einem Nichteingeweihten mag sich auf den ersten Blick nicht erschließen, was eine Luftvogellatte und ein Huhn mit-einander zu tun haben. Na klar, denkt man, ein Luftvogel kann fliegen, wenn auch nicht so richtig. Ein Huhn kann ebenfalls fliegen, aber auch nicht so richtig.
Nein, aber das ist es nicht. Fangen wir einmal ganz von vorne an:
Immer, wenn der Sommer seinen Abschied

genommen hatte und das Kornfeld abgemäht war, dort, wo sich heute die Häuser mit den Nummern 45, 47 und so weiter gemütlich zu einer Sackgasse aneinander reihen, dann gaben sich die Jungen unserer Gegend die Klinke von Opas Werkstatt in die Hand.

„Herr Stüter haben sie Luftvogellatten?", war dann die am häufigsten gestellte Frage. Entweder unser Vater hatte gerade noch welche zur Hand, oder er musste nun die große Kreissäge anschalten um welche zu schneiden. Nun war es gerade so, dass kurz zuvor ein Junge die letzten Luftvogellatten mitgenommen hatte, als Alfred, ein Junge vom unteren Bleckmannshof diese Bitte vor trug. Unser Vater schaute ihn an, sah sich in der Werkstatt um und fand schließlich in einer Ecke ein passendes Kantholz. Grell heulte die Kreissäge auf, so dass Alfred beide Hände fest auf seine Ohren presste. Mir machte das allerdings nichts aus. Oft genug haben wir in der Werkstatt gebastelt, oder auch nur zugesehen, wenn Papa, Opa oder einer von den Gesellen bei der Arbeit war. Für mich war das daher eher wie ein Singen, wenn die Kreissäge lief. Bei der Hobelmaschine war es eher ein gemütliches Brummen. Na ja, wir waren eben daran gewöhnt. So stand ich daneben und sah zu, wie Papa das Kantholz an den Anschlag führte. Und dann geschah es: Ein Geräusch, das ich hier noch nie gehört hatte, aber das ich wohl kannte. Ich versuchte mich zu erinnern. Und schließlich fiel es mir wieder ein, denn es war mittlerweile so laut geworden, dass es selbst das Singen der Kreissäge übertönte. Und in dem Moment, wo es mir

wieder einfiel, kam auch schon laut gackernd eines unserer Hühner total aufgelöst aus dem Maschinenfuß heraus gestürzt. Ich glaube, der sich am meisten erschreckt hatte, war Alfred. Papa und ich sahen uns, nachdem die Kreissäge wieder ausgeschaltet war, den Maschinenfuß an. Da lagen doch in dem Haufen Späne zwei, erst kürzlich gelegte Eier. Und Mama wunderte sich immer, warum denn im Moment die Hühner so schlecht legten.
Wieder was gelernt:
Man kann keinem Huhn trauen!

Ein Gespenst, ein Gespenst!
„Pedda! Pedda!", brüllend stand ich unter Peters Fenster, aber es regte sich nichts. Hätte ich jetzt nur auf den Fingern pfeifen könne, so laut und schrill wie er,

dann hätte er mich bestimmt gehört. Ja, er war der beste Fingerpfeifer den wir kannten. Er konnte auf vier Fingern, und sogar schon auf zwei Fingern pfeifen.

Unsere Mutter sagte immer, wenn wir übten: „Man steckt doch nicht die Finger in den Mund", was sie dann mit einem lauten „PFUIIII" beendete. Ja, aber wie sollte man so schön laut pfeifen, ohne die Finger in den Mund zu stecken. Peter, ja Peter übte das schon fleißig. Er sagte, man müsse die Zunge zusammenrollen, so in etwa, wobei er seinen Mund öffnete und seine Zunge irgendwie verknotete.

Nun gut, ich will nicht abschweifen. Irgend wann öffnete sich das Fenster und ein total struwweliger Peterkopf erschien.

„Wat is denn?", wollte er wissen.

„Kommse runna?", gab ich zurück.

„Nee, kann nich. Erika hat mich

eingeschlossen. Hab Stummarest!"
Aber dann sah ich schon, dass es hinter Peters Stirn zu arbeiten begann. Und es dauerte nicht lange bis sich zuerst sein linkes Bein über der Fensterbank nach draußen schwenkte. Es folgte das rechte und dann der ganze Peter. Langsam ließ er sich auf Omas Wintergartendach abgleiten. Von da an war es kein Problem mehr -Peter war unten.
„Wat wolln we denn machen?", war seine neugierige Frage.
„Na Verstecken spielen. Die Knibbels sind auch schon da."
„Knibbels" nannten wir Hans-Peter und Carola, wenn wir sie beide meinten, das wusste jeder. Ich glaube, so werden sie und ihre Geschwister heute noch genannt. Also gut. Wir trafen uns hinten auf der Wiese. Alle waren da. Die Knibbels,

Hermann, Liane und Gisela, unsere große Schwester. Dann wurde aus gezählt:

A-U-Es-Aus, du hast ne Laus, ich habs gesehn und du kannst gehen, und so weiter, bis einer übrig blieb. Und der musste als erster suchen.

Er stellte sich vor einen Baum, hielt sich die Augen zu und zählte bis zehn. Dann mussten alle versteckt sein. Peter war es, der suchen musste. Doch bevor er anfing zu zählen drehte er sich noch einmal zu uns um: „Aber nicht in der Werkstatt!", war seine Forderung. Und das war auch in Ordnung, denn fremde Kinder durften nicht in die Werkstatt, es sei denn es wären Kunden. Zum Beispiel für Luftvogelleisten, **oder Hühner.** Wenn wir, und damit meine ich Gisela, Hermann und mich, uns dort versteckt hätten, hätte uns niemand finden können.

Das wäre nicht gut.

„Ja, ja", nickten wir Peter zu. Und dann fing er an zu zählen: Ein, zwei und so weiter. Wir rannten und kämpften um das beste Versteck. Nein, das ist meins, das hab ich zuerst gesehen. Egal, ich rannte hinter Hermann her. Er rannte durch den Garten, auf Opas Haus zu, dort die Außentreppe hinunter in den Keller. Und dieser Keller war ein ganz besonderer Keller. Es war das SARGLAGER von Opas Beerdigungsgeschäft. Hier standen immer mehrere Särge in Regalen herum. Einer unten, ein weiterer auf dem oberen Boden. Ich denke, Hermann wollte sich eigentlich nur hinter einem Regal oder so verstecken, aber dann sah er den offenen Sarg, der wohl zur Vorbereitung schon geöffnet war, und er kletterte da hinein. Ich ging wieder hinaus und versteckte mich hinter der Hecke vor Opas Haus. Natürlich hat Peter mich dort gefunden, denn mein Versteck war nicht besonders gut. Aber dummer Weise hatte ich die Kellertür offen gelassen, als ich dort hinaus ging. Peter musste das gesehen haben. Langsam, Stufe für Stufe ging er die Treppe hinunter. Steckte vorsichtig seinen Kopf durch den Türspalt, und dann sah ich nur, wie er kreide bleich wurde und laut brüllend die Treppe hinauf stolperte:

„**Ein Gespenst! Ein Gespenst!**"
Ich wusste nicht, was da geschehen war. Ging die Treppe hinunter, schaute in den Kellerraum. Da saß mein Bruder Hermann in dem unteren Sarg und grinste mich breit an.

„Na, der hat et aber jetzt wohl mit der Angst gekriegt", war seine lapidare Meinung.

Schade für Peter, denn durch sein Geschrei ist Erika, seine Schwester, hinter seine Flucht gekommen:

-Eine Woche Stubenarrest.

Die Erpressung

Oder wie sonst sollte man es nennen, wenn jemand sich breitbeinig vor ein Geschäft stellt, allen anderen Kunden den Zugang versperrt und dem Inhaber oder der Verkäuferin unmissverständlich zu verstehen gibt, dass er so lange dort stehen bleibt, bis man ihm das heraus gibt, wonach er verlangt, natürlich kostenlos.

Ich erwähnte ja schon, dass unser Hund „Antje" ein sehr kluges Tier war. Und nicht zuletzt, weil wir Kinder sie erzogen. Nicht allein, dass wir Spiele mit ihr machen konnten, an die man mit so manch anderem Hund nicht im Traum dran denken brauchte. Wir brachten ihr bei, wie man ein Körbchen (ihr Körbchen) trägt. Wir erklärten ihr den Weg zu unserem Lebensmittelgeschäft und dass sie brav davor sitzen zu bleiben hat. Dass sie das Körbchen dann der Verkäuferin abgeben, und es danach wieder von ihr nehmen soll und es nach Hause zu bringen hat.

Das war sehr bequem für uns Kinder. Denn wenn unsere Mutter einmal sagte:

„Heinz, gehst du einmal nach Finger -Finger war das Lebensmittelgeschäft gegenüber- , ich brauche noch Mehl, zwei Eier und Zucker für den Kuchen?"

Dann waren wir gerne zur Stelle. Man schrieb einen Zettel, legte ihn mit dem Portemonnaie in Antjes Körbchen und gab ihr das. Ohne zu muxen machte sie sich sogleich auf den Weg. Wie zuvor eingeübt setzte sie sich vor das Geschäft, setzte das Körbchen ab und gab einmal kurz Laut. Frau Finger kannte das schon. Sie kam heraus, nahm den Zettel, packte alles so ein wie abgesprochen und bediente sich mit dem Geld. Nur wenig später war Antje mit dem Einkauf wieder zurück.

So weit so, gut.

Eines Tages geschah es, dass einer von Tante Ernas Kunden wohl vergessen hatte die Haustür zu schließen. Das kam wohl öfter mal vor, aber das störte Antje nicht. Obwohl die Tür manchmal sogar weit offen stand, blieb sie auf ihrer Decke liegen. Doch nun war es anders.

-Antje war weg!

Die wird wohl gleich wieder kommen. Sicher ist sie nur in den Garten gelaufen, sagten wir uns. Dort hatte sie nämlich eine bestimmte Ecke für ihr Geschäft. Doch selbst nach einer halben Stunde war sie nicht zurück.

-Da war etwas nicht in Ordnung.

Wir machten uns auf den Weg, sie zu suchen. Der eine in Opas Garten hinter der Werkstatt, ein anderer die Stiepeler Straße hinunter und ich auf dem Bleckmannshof. Aber weit brauchte ich nicht zu gehen, denn bereits bei der Hausnummer 28, wo Klaus wohnte, da konnte ich sie sehen. Sie hätte ja zwischen den Häusern hindurch in die Gärten laufen können. Dort gab es gewiss für einen jungen Hund viel Interessantes zu beschnüffeln. Doch nein. Vor der Bude der Frau Grünke saß sie. Da wo wir immer unser Leergut abgaben und dafür Bonbons, Eis, oder anderen Süßkram bekamen. Manchmal hatten wir Antje auch mit genommen. Sie war ganz verrückt auf „NEGERKÜSSE" -durfte man damals noch sagen!
Und genau hier saß sie, versteinert wie

eine Statue schaute sie unentwegt zu dem kleinen Fensterchen hinauf. Obwohl es für sie ein Leichtes wäre, sich auf die Hinterbeine zu stellen, die Vorderfüße auf die Theke und der Verkäuferin Auge in Auge ihre Wünsche vorzutragen. Nein, sie saß still und geduldig davor. Hinter ihr, in respektvollem Abstand wartete bereits eine nicht unerhebliche Anzahl von Kunden, die sich aber nicht an ihr vorbei trauten.

Als ich näher kam konnte ich gerade noch sehen, wie Frau Grünke Antje endlich den von ihr so lang ersehnten NEGERKUSS heraus reichte. „Endlich", meinte noch einer der genervten Kunden und sah ihr noch nach. Sie aber kam mir schwanzwedelnd entgegen. Als ich dann später einmal mit Frau Grünke sprach, meinte sie, dass unsere Antje das wohl schon öfter gemacht hätte. Als ich ihr darauf anbot die Negerküsse zu bezahlen, winkte sie nur lachend ab.

Der Bunkerberg (Mit schätzungsweise 4 Metern Höhe, die wohl höchster Erhebung im Kirchviertel).
Nachdem man immer häufiger unserer wunderbaren Rodelbahn auf der „Glatten Straße" mittels Streuwagen-Attacken den Garaus gemacht hat, sahen wir uns

gezwungen, um zuziehen.

Es gab da, nicht weit von unserem Haus gelegen, den „BUNKERBERG".

Auf unserem Schulweg sind wir zweimal am Tag dort vorbei gekommen. Und als dann im Dezember der erste Schnee fiel, haben wir uns auf den Weg gemacht:

Gisela, Hermann, ich, Peter, die Knibbels und so manch anderer. Schnell war die Rodelbahn auf unserer Straße Geschichte. Hier, mit **dem** Gefälle, da ging die Post ab. Wenn das Wetter es zuließ, dann waren hier bis zu zwanzig Kinder auf dem Berg. Kinder von anderen Straßen, Kinder aus dem „Negerdorf", einer Bergarbeiter-siedlung von jenseits der Brenscheder Straße. Es ist einleuchtend, dass es bei einer dermaßen großen Anzahl nur aufs Rodeln fixierter Kinder nicht selten zu dem einen oder anderen verbalen

Schlagabtausch kam:

„He, ich war vor dir dran! Hinten anstellen! Vordrängeln gib es nicht!" So in der Art.

Aber die einzigen blauen Flecken hatte wohl einem, entweder der eigene – oder ein fremder Schlitten zugefügt.

Denn das Ziel jeder Schussfahrt war, wie überall bei solchen Sportereignissen:

„WER KOMMT AM WEITESTEN"

Und am weitesten kam der, der den jenseitigen Bürgersteig der Brenscheder Straße erreichte.

Die verschiedenen Schlittentypen wurden begutachtet. Da gab es Stahlrohr Schlitten und Holzschlitten der verschiedenen Hersteller. Wir hatten einen „DAVOS"-Zweisitzer. Aber wenn man vorher die Kufen nicht vom über die Sommermonate sich dort abgelagerten Rost befreit hatte, dann konnte man sowieso alles vergessen.

Dann gab es da noch die unterschied-lichsten Arten, den Schlitten zu fahren.

Die Einen schworen auf die sitzende Fahrweise, allein oder zu zweit. Andere waren fest davon überzeugt, dass der „BAUCHER" die schnellste Fahrweise ist. Ist aber auch die gefährlichste. Denn kippte der Schlitten dabei einmal um, dann lag man -lang wie man war- im Schnee. Aber richtig gefährlich wurde es zum Ende der Strecke. Hier musste man - wenn man wirklich der Beste sein wollte - die Brenscheder Straße überqueren. Auch wenn es zu der Zeit noch längst nicht so viele Autos gab wie heute, ab und an rollte doch schon mal das eine oder andere dort vorüber. Ja, dazu war schon eine ganz gehörige Portion Mut nötig. Das gelang eben nur den ganz HARTEN.

Aber das ganze Spektakel dauerte nicht lang, denn bereits nach wenigen Tagen war der weiße Schnee durch Asche und Kohlenstaub, grau und schwarz geworden. Dann wartete man auf frischen, neuen Schnee der -wenn man Glück hatte- sich auch nach einer guten Woche durch graue Wolken am Himmel ankündigte. Und los ging der Rodelzirkus aus Neue.

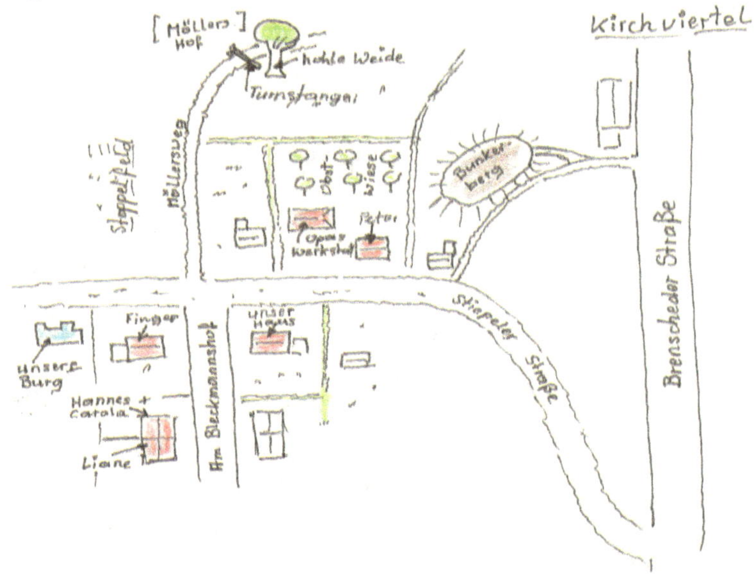

Anmerkung: Die Straße „Möllersweg" wurde später einige hundert Meter südlich angelegt.

Karrenrennen und Matschparty

Wenn wir mit den Hausaufgaben fertig waren, dann trafen wir uns meistens auf dem großen Platz vor Opas Werkstatt oder auf der glatten Straße, je nach dem, was man spielen wollte. Wollte man Roller, oder sonst irgendetwas fahren, dann ging man auf die Straße, wollte man Bäume klettern, Verstecken spielen oder eine Bude bauen, dann fand man sich vor Opas Werkstatt ein. Irgend jemand war gewiss schon dort.

Wir trafen uns auf jeden Fall vor Opas Werkstatt.

„Was wollen wir denn machen?", das war die Frage: „Rollschuh laufen oder Hümpelkästchen auf der Glatten Straße. Bäume klettern oder zur Turnstange im Möllersweg, oder Karrenrennen auf der Wiese?"

Aber irgend jemandem ist da schon etwas ein gefallen.

„KARRENRENNEN!"

Ja, Karrenrennen ist knorke, war die einhellige Meinung. Also holten wir die Karren raus.

Wir hatten zwei Karren.

Einen Handkarren, so eine Art Bollerwagen für Große, mit vier Rädern und einer langen Deichsel, und eine Schreinerkarre.

Die SCHREINERKARRE

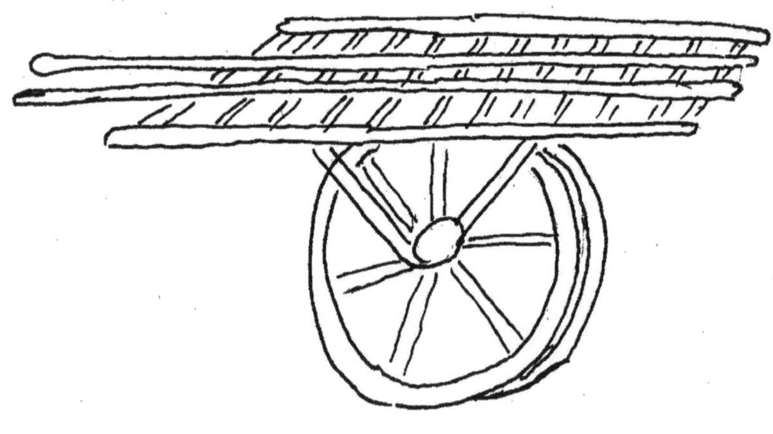

Eine einachsige Flachkarre,
zum Transport von Platten, großen Rahmen
wie Fenstern und Türen.

Da zur Kriegszeit alle Privatautos zum
Kriegsdienst eingezogen wurden, das
heißt: vom Militär beschlagnahmt waren,
ging es nicht anders, als sich selbst
wieder auf die eigenen Kräfte zu besinnen
– mit Karren.

Also, beim Karrenrennen geht es darum,
welche Karre die schnellste ist. Bei dem
Handwagen ist das einfach. Er lässt sich
wie ein Bollerwagen ziehen und einer sitzt
darin. Die Schreinerkarre allerdings muss
geschoben werden. Und das Lenken
hierbei ist auch keineswegs so einfach wie
bei dem Handwagen. Der Fahrer sitzt
unten auf der Achse und gibt

Anweisungen. Der Schieber muss neben dem Schieben auch noch immer auf das Gleichgewicht achten – eine echte Herausforderung. Aber das höchste Maß an Können wird dem Schieber abverlangt, wenn man **Panzer** spielt. Dann muss die Karre von vorn, also nicht an den Holmen geschoben werden, denn das sind ja dann die Kanonenrohre des Panzers. Ich kann nur sagen: Das konnte nicht jeder.

Und so rannten wir mit den Karren über die Wiese, die vom morgendlichen Regen noch pitschnass war, als wir plötzlich ein lautes Heulen hörten. Ein Heulen, das immer wieder kurzzeitig unterbrochen, darauf noch viel lauter und durch-dringender zu uns herüber schrie.

„Da ist was los!"

Stellten wir gespannt fest. Und wo was los war, da gibt es etwas zu sehen, vielleicht sogar zu erleben. Allesamt ließen wir die Karren stehen, wo sie gerade standen und rannten los, dem Heulen entgegen. Es kam von dem Grundstück hinter Opas Garten. Dort wurde zu der Zeit das JUGENDHEIM unserer Gemeinde gebaut. Wir mussten aufpassen, das wir beim Rennen nicht ausrutschten, denn durch den starken Regen des Vormittags war alles total matschig. Und in diesem Matsch stand -bis fast zu den Achsen ein gesackt- ein Lastwagen von „Heimdienst" Getränke-handel. Der Fahrer gab immer wieder Gas, so dass der Motor laut auf heulte.

„He! Könnt ihr mal schieben?" bat er uns, denn mittlerweile waren auch noch andere Kinder von der Brenscheder Straße herbeigestürmt. Wir schoben und schoben

mit allen Kräften und der Fahrer gab Gas mit allen Kräften. Jedoch anstatt, dass das dumme Auto endlich aus der Matsche heraus fuhr, bespritzte es uns von oben bis unten mit Matsche voll. Wir sahen aus, als hätten wir darin gebadet. Schließlich kam dann noch ein zweiter Heimdienst Wagen, der ihn dann rausgezogen hat.
Aber ganz ohne Hilfe ist es dann doch nicht gegangen.
„Na, eure Mütter werden sich freuen, wenn sie euch so sehen. Wenn ihr mal nicht den Hosenboden voll kriegt",
meinte noch der Fahrer.
„Aber hier habt ihr eine kleine Entschädigung. Ich hoffe, das macht alles leichter erträglich", und gab jedem von uns eine Flasche „Schlör Perle".

Sport muss sein

War Peters Meinung. Er war ja auch der sportlichste von uns allen. Wir dachten dagegen, dass Sport eine total überflüssige Beschäftigung wäre. Für ihn war Sport immer das Wichtigste von allem. Aber vielleicht lag es auch nur daran, dass sein Vater -wie bereits erwähnt- beim Sportamt beschäftigt war.

Herumrennen, Karren schieben, auf Bäume klettern, Roller fahren, Hüpfen im Hümpelkästchen, all das war für uns schon Sport genug.

Na ja, Peter setzte noch einen darauf.

Mit größter Hingabe und Geduld brachte er uns das Fahrradfahren auf dem Herrenrad seines Vater bei. So eines mit der Stange, die wir noch nicht übersteigen konnten. Sein Trick war: Einfach unten drunter her. Und das ging so lange gut, bis ein Reifen platt war und sein Vater am nächsten Morgen zur Arbeit schieben durfte.

Ob das wieder einmal für Stubenarrest gereicht hat, das weiß ich nicht mehr.
Ja, und dann war da noch unsere TURNSTANGE.

Unsere „Turnstange"
Hinten im Möllersweg, kurz vor Möllers Bauernhaus, da gab es neben unserem Kletterbaum, der hohlen Weide, eine Art Schlagbaum. Nein, kein richtiger Baum.

Eine auf zwei Stützen gelegte runde Stange, um den Weg dort abzusperren.
Diesen Schlagbaum hat Peter als „TURNSTANGE" auserkoren. Hier wurden „KUSSELKÖPPE AN DER STANGE" trainiert und geübt bis zum Abwinken. Drei, vier mal herum, oder auch mehr, ohne abzusetzen. Aber auch mit den Beinen daran hängen, den Kopf nach unten oder einfach darauf balancieren.
Und wer war der Beste bei allem? Pedda!

◆

Ja, so war es zu der Zeit, als der Krieg vorbei war. Die Wohnungen zu eng, Spielsachen gab es nur wenige, aber draußen gab es Platz für uns Kinder. Es gab Raum, Raum um unsere Phantasien auszuleben. So denke ich gerne an meine Kindheit und meine Freunde zurück.

Mit Beendigung der Schule gingen dann die meisten von uns in eine Handwerkslehre. Nur wenige besuchten danach eine weiterführende Schule. So verzweigten sich unsere Wege. Aber immer wieder traf man sich noch, auch wenn es nur an den Wochenenden war.

Mit Peter, den Knibbels und einigen anderen hatten wir uns in den späten Sechzigern einen Beatkeller im früheren Sarglager unseres Opas eingerichtet. Dann kam die Bundeswehr und Studium. Immer länger, immer weiter waren wir auseinander. So verloren wir mit der Zeit den Kontakt zueinander. Nur Peter, unser treuester Freund, war immer noch da. Gemeinsam feierten wir 1983 das Richtfest meines Hauses.

Oft muss ich an unsere Kindheit und an die Abenteuer zurückdenken und ich frage mich, ob die Kinder heute, mit ihrem eigenen Kinderzimmer, voll gestopft mit Spielsachen, Handy und Computerspiele, Video und Fernsehen, jemals so glücklich auf ihre Kindheit zurückschauen werden wie wir.

Bild: Hermann Stüter

Möllers Hof, Möllersweg, Turnstange und Kletterbaum

Anmerkung: Heute verläuft hier die Straße „Am Bleckmannshof" von der Nummer 38 bis 63.

Vom Autor bereits bei Books-on-Demand erschienen sind:

Aus der Kinderbuchreihe

- Meine Abenteuer mit Düsenuschi
  6 traumhafte Abenteuer eines kleinen Jungen

- Das traurige Müllauto
  7 Kindergeschichten zum Vorlesen

- Die weise Eule
  6 Kindergeschichten zum Vorlesen

Aus der Jugendbuchreihe
- Geheimmission Kirchenmaus
- Kirchenmäuse auf Schatzsuche
- Kirchenmäuse und das Froschphantom
- Kirchenmäuse und das Gespenst von
  St.Johannes

- Nachtschicht
  5 mysteriöse Erlebnisse eines Reisenden

- Verschollen im Kaukasus
  Die abenteuerliche Reise einer Studentengruppe
  durch Armenien und Georgien